LA QUIETUD HABLA

LA
QUIETUD
HABLA

ECKHART TOLLE

NAMASTE PUBLISHING

y

NEW WORLD LIBRARY
NOVATO, CALIFORNIA

 Namaste Publishing

y

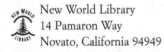 New World Library
14 Pamaron Way
Novato, California 94949

Publicado originalmente en inglés como *Stillness Speaks* por
New World Library en 2003.
© 2003 Eckhart Tolle

Traducción © 2004 Miguel Iribarren
Tipografía: Tona Pearce Myers

Library of Congress Cataloging-in-Publication Data
available upon request.

ISBN 1-57731-447-6

ISBN 978-1-57731-447-9

Impreso en Canadá en papel reciclado de desechos postconsumo al 100%

Miembro orgulloso de la Iniciativa Green Press

Distribuido por Publishers Group West

10   9   8   7

ÍNDICE

~

Introducción

Un verdadero profesor espiritual no tiene nada que enseñar en el sentido convencional de la palabra; no tiene nada que darte o añadirte, trátese ya de nueva información, de creencias o de reglas de conducta. Su única función consiste en ayudar a librarte de aquello que te aleja de la verdad de lo que eres y de lo que sabes en el fondo de tu ser. El profesor espiritual está allí para descubrirte y revelarte esa dimensión de profundidad interna que también es paz.

Si te diriges a un profesor espiritual —o te acercas a este libro— buscando ideas, teorías, creencias estimulantes o discusiones intelectuales, entonces te sentirás decepcionado. En otras palabras, si estás buscando alimento mental, no lo encontrarás y perderás la esencia de la enseñanza, la esencia de este libro, que no está en las palabras, sino dentro de ti mismo. Es conveniente recordar esto y sentirlo a medida que vayas leyendo. Las palabras no son más que señales. Aquello hacia lo que apuntan no se encuentra en el reino del pensamiento, sino en una dimensión interna que es más profunda e infinitamente más vasta que el pensamiento. Una de las características de esa dimensión es una paz vibrante de vida, de modo que cada vez que sientas surgir esa paz interior mientras lees, el libro estará cumpliendo su cometido y realizando su función docente: te está recordando quién eres e indicándote el camino de vuelta a casa.

Éste no es un libro para leerlo de una tirada, de principio a fin, y dejarlo. Vive con él, ábrelo con frecuencia y, lo que es más importante, ciérralo asiduamente; es decir, pasa más tiempo sosteniéndolo en tus manos que leyéndolo. Muchos lectores sentirán el deseo natural de dejar de leer después de cada párrafo, para hacer una pausa, reflexionar, serenarse. Siempre es más útil y más importante dejar de leer que seguir leyendo. Permite que el libro haga su trabajo, que te despierte y te saque de los viejos surcos del pensamiento condicionado y repetitivo.

Se puede considerar que este libro, por el modo en que está escrito, revive en nuestro tiempo el estilo con el que fueron concebidas las más remotas enseñanzas espirituales: los sutras de la antigua India. Los sutras son vigorosos indicadores de la verdad en forma de aforismos o sentencias breves, con poca elaboración conceptual. Los Vedas y los Upanishads son las primeras enseñanzas sagradas registradas en sutras, como sucede con las palabras de Buda. Los dichos y parábolas de Jesús, sacados de su contexto narrativo, también pueden ser considerados como sutras, al igual que las profundas enseñanzas contenidas en el *Tao Te Ching*, el antiguo libro chino de la sabiduría. La ventaja del estilo sutra reside en su brevedad. No involucra la mente pensante más de lo necesario. Lo que el sutra no dice —aunque lo señala— es más importante que lo que dice. El estilo sutra utilizado en este libro es más evidente en el capítulo 1 («Silencio y Quietud»), que contiene los párrafos más breves. Este primer capítulo contiene la esencia de todo el libro, pudiendo ser todo lo que algunos lectores necesiten. Los demás capítulos están ahí para quienes necesiten algunos indicadores más.

Al igual que los antiguos sutras, los textos contenidos en este libro son sagrados, y han surgido de un estado de conciencia que podemos denominar quietud. Sin embargo, a diferencia de los antiguos sutras, no pertenecen a ninguna religión ni tradición espiritual, siendo accesibles de inmediato a toda la humanidad. En estos escritos está presente un sentimiento de urgencia. La transformación de la conciencia humana ya no es un lujo, por así decirlo, a disposición de unos cuantos individuos aislados, sino una urgente necesidad para que la humanidad no se destruya a sí misma. Actualmente, se está acelerando tanto la disfunción de la vieja conciencia como el surgimiento de una nueva. Paradójicamente, las cosas están mejorando y empeorando al mismo tiempo, aunque el empeoramiento es más aparente porque produce mucho «ruido».

Este libro, desde luego, utiliza palabras que al ser leídas harán surgir pensamientos en tu mente. Pero no se trata de pensamientos corrientes: repetitivos, ruidosos, narcisistas, que reclaman atención. Al igual que los verdaderos maestros espirituales, como los antiguos sutras, los pensamientos de este libro no dicen «mírame», sino «mira más allá de mí». Como los pensamientos han surgido de la quietud, tienen poder: el poder de llevarte a la misma quietud de la que surgieron. Esa quietud también es paz interior; y esa quietud y esa paz son la esencia de tu Ser. Es la quietud interior que salvará y transformará el mundo.

Capítulo Uno

Silencio y quietud

Cuando pierdes contacto con la quietud interior, pierdes contacto contigo mismo. Cuando pierdes contacto contigo mismo, te pierdes en el mundo.

Tu sentido más interno de ti mismo, tu sentido de quién eres, es inseparable de la quietud. Ése es el *Yo Soy* que es más profundo que el nombre y la forma.

La quietud es tu naturaleza esencial. ¿Qué es la quietud? El espacio interno o conciencia en el que las palabras de esta página son percibidas y se convierten en pensamientos. Sin esa conciencia, no habría percepción, ni pensamientos, ni mundo.

Tú eres esa conciencia, disfrazada de persona.

El equivalente del ruido externo es el ruido interno del pensamiento. El equivalente del silencio externo es la quietud interna.

Cuando quiera que haya silencio a tu alrededor, escúchalo. Esto significa que, simplemente, has de darte cuenta de él. Préstale atención. Escuchar el silencio despierta la dimensión de quietud dentro de ti, porque sólo la quietud te permite ser consciente del silencio.

Observa que en el momento de darte cuenta del silencio que te rodea, no estás pensando. Eres consciente, pero no piensas.

Cuando te das cuenta del silencio, se produce inmediatamente ese estado de serena alerta interna.

Estás presente. Has salido de miles de años de condicionamiento colectivo humano.

Mira un árbol, una flor, una planta. Deja que tu conciencia descanse en ellos. ¡Qué quietud manifiestan, qué profundamente enraizados están en el Ser! Permite que la naturaleza te enseñe la quietud.

Cuando miras un árbol y percibes su quietud, tú mismo te aquietas. Conectas con él a un nivel muy profundo. Te sientes unido a cualquier cosa que percibes en y a través de la quietud. Sentir tu unidad de ti mismo con todas las cosas es verdadero amor.

El silencio ayuda, pero no es necesario para hallar la quietud. Aunque haya ruido, puedes sintonizarte con la quietud subyacente, el espacio en el que surge el ruido. Ése es el espacio interno de pura conciencia, la conciencia misma.

Puedes darte cuenta de que la conciencia es el trasfondo de todas tus percepciones sensoriales, de toda tu actividad mental. Siendo consciente de la conciencia surge la quietud interna.

Cualquier ruido molesto puede ser tan útil como el silencio. ¿Cómo? Abandonando tu resistencia interna al ruido y permitiendo que sea como es; esa aceptación también te lleva al reino de paz interna que es quietud.

Cuando aceptas profundamente este momento tal como es —tome la forma que tome—, estás sereno, estás en paz.

Presta atención a la pausa: la pausa entre dos pensamientos, al breve y silencioso espacio entre las palabras de una conversación, entre las notas de un piano o de una flauta, o al breve descanso entre la inspiración y la espiración.

Cuando prestas atención a esas pausas, la conciencia de «algo» se convierte simplemente en conciencia. Surge de dentro de ti la dimensión informe de pura conciencia y reemplaza la identificación con la forma.

La verdadera inteligencia actúa silenciosamente. Es en la quietud donde encontramos la creatividad y la solución a los problemas.

¿Es la quietud tan sólo ausencia de ruido y contenido? No; es la inteligencia misma: la conciencia subyacente de la que nace toda forma. ¿Y cómo podría eso estar separado de quien tú eres?

De allí salió la forma que crees ser, y ello es lo que la sustenta.

Es la esencia de todas las galaxias y de las hojas de hierba; de todas las flores, árboles, pájaros, y de todas las demás formas.

La quietud es la única cosa de este mundo que no tiene forma. Pero en realidad no es una cosa, y tampoco es de este mundo.

Cuando miras un árbol o un ser humano desde la quietud, ¿quién está mirando? Algo más profundo que la persona. La conciencia está mirando a su creación.

En la Biblia se dice que Dios creó el mundo y vio que era bueno. Eso es lo que ves cuando miras sin pensamiento, desde la quietud.

¿Necesitas más conocimiento? ¿Crees que más información, u ordenadores más rápidos, o más análisis científicos e intelectuales van a salvar al mundo? ¿No es sabiduría lo que más necesita la humanidad en estos momentos?

Pero ¿qué es la sabiduría? ¿Dónde se encuentra? La sabiduría viene cuando uno es capaz de aquietarse. Sólo mira, sólo escucha. No hace falta nada más. Aquietarse, mirar y escuchar activa la inteligencia no conceptual que anida dentro de ti. Deja que la quietud dirija tus palabras y tus acciones.

CAPÍTULO DOS

MÁS ALLÁ
DE LA MENTE PENSANTE

La condición humana: perdidos en el pensamiento.

La mayoría de la gente se pasa la vida aprisionada en los confines de sus propios pensamientos. Nunca van más allá de un sentido de identidad estrecho y personalizado, fabricado por la mente y condicionado por el pasado.

En ti, como en cada ser humano, hay una dimensión de conciencia mucho más profunda que el pensamiento. Es la esencia misma de tu ser. Podemos llamarla presencia, alerta, conciencia incondicionada. En las antiguas enseñanzas, es el Cristo interno, o tu naturaleza de Buda.

Hallar esa dimensión te libera, y tambien libera al mundo del sufrimiento que te causas a ti mismo y a los demás cuando sólo conoces el «pequeño yo» fabricado por la mente, que es quien dirige tu vida. El amor, la alegría, la expansión creativa y una paz interna duradera sólo pueden entrar en tu vida a través de esa dimensión de conciencia incondicionada.

Si puedes reconocer, aunque sólo sea de vez en cuando, que los pensamientos que pasan por tu mente son simples pensamientos, si puedes ser testigo de tus hábitos mentales y emocionales reactivos cuando se producen, entonces esa dimensión ya está emergiendo en ti como la conciencia en la que ocurren los pensamientos y emociones: el espacio interno intemporal donde se despliegan los contenidos de tu vida.

La corriente de pensamientos tiene una enorme inercia que puede arrastrarte fácilmente. Cada pensamiento pretende tener una gran importancia. Quiere captar toda tu atención.

He aquí un ejercicio espiritual que puedes practicar: no te tomes tus pensamientos demasiado en serio.

~

Qué fácilmente se queda atrapada la gente en sus prisiones conceptuales.

La mente humana, en su deseo de conocer, entender y controlar, confunde sus opiniones y puntos de vista con la verdad. Dice: así son las cosas. Tienes que ser más amplio que el pensamiento para darte cuenta de que tu manera de interpretar «tu vida», o la vida o conducta de otra persona, cualquier manera que tengas de juzgar una situación, no es más que un punto de vista, una de las muchas perspectivas posibles. No es más que una cadena de pensamientos. Pero la realidad es una totalidad unificada donde todas las cosas están entrelazadas, donde nada existe en y por sí mismo. El pensamiento fragmenta la realidad, la corta en pedazos y en fragmentos conceptuales.

La mente pensante es una herramienta útil y poderosa, pero también muy limitante cuando se adueña completamente de tu vida, cuando no te das cuenta de que sólo es un pequeño aspecto de la conciencia que eres.

La sabiduría no es un producto del pensamiento. El *conocer* profundo, que es la sabiduría, surge en el simple acto de prestar toda tu atención a alguien o algo. La atención es la inteligencia primordial, la conciencia misma. Disuelve las barreras creadas por el pensamiento conceptual, lo que nos permite reconocer que nada existe en y por sí mismo. Une el perceptor con lo percibido en un campo de conciencia unificado. La sabiduría cura la separación.

Cuando estás inmerso en el pensamiento compulsivo, estás evitando lo que es. No quieres estar donde estás. Aquí, Ahora.

Los dogmas —religiosos, políticos, científicos— surgen de la creencia errónea de que el pensamiento puede contener y encerrar la realidad o la verdad. Los dogmas son prisiones conceptuales colectivas. Y lo extraño es que la gente ama la celda de su prisión porque le da sensación de seguridad, una falsa sensación de «yo sé».

Nada ha causado más sufrimiento a la humanidad que sus dogmas. Es cierto que cada dogma se viene abajo antes o después, porque su falsedad acaba siendo revelada por la realidad; sin embargo, a menos que el error básico sea visto tal como es, el dogma será reemplazado por otros.

¿Cuál es el error básico? La identificación con el pensamiento.

El despertar espiritual es el despertar del sueño del pensamiento.

El reino de la conciencia es mucho más vasto de lo que el pensamiento puede entender. Cuando dejas de creerte todo lo que piensas, sales del pensamiento y ves con claridad que el pensador no es quien tú eres.

La mente existe en un estado de «nunca tener suficiente», por lo que siempre ambiciona más. Si te identificas con la mente, te aburres y te inquietas fácilmente. El aburrimiento significa que la mente tiene hambre de nuevos estímulos, de más alimento para el pensamiento, y que su hambre no está siendo satisfecha.

Cuando estás aburrido, puedes satisfacer el «hambre mental» leyendo una revista, haciendo una llamada telefónica, poniendo la tele, navegando en Internet, yéndote de compras o —y esto es bastante común— transfiriendo al cuerpo la sensación mental de carencia y la necesidad de querer siempre algo *más*, y satisfaciéndolas brevemente ingiriendo más comida.

O puedes sentirte aburrido e inquieto, y observar la sensación de estar aburrido e inquieto. A medida que vayas dándote cuenta de estas sensaciones, empezará a surgir algún espacio y quietud en torno a ellas. Al principio sólo habrá un poco, pero, conforme crezca la sensación de espacio interno, el aburrimiento empezará a disminuir en intensidad y significado. De modo que incluso el aburrimiento te puede enseñar quién eres y quién no eres.

Descubres que ser «una persona aburrida» no es tu identidad esencial. El aburrimiento, simplemente, es un movimiento interno de la energía condicionada. Tampoco eres una persona enfadada, triste o temerosa. El aburrimiento, el enfado, la tristeza o el miedo no son «tuyos», no son personales. Son estados de la mente humana. Vienen y van.

Nada de lo que viene y va eres tú.

«Estoy aburrido»; ¿quién sabe esto?

«Estoy enfadado, triste, atemorizado»; ¿quién lo sabe?

Tú eres el conocimiento, no el estado conocido.

19

Los prejuicios de todo tipo implican que te sientas identificado con la mente pensante. Significan que ya no ves al otro ser humano, sino únicamente tu propio concepto de ese ser humano. Reducir la riqueza de vida de otro ser humano a un concepto es, en sí mismo, una forma de violencia.

El pensamiento que no está enraizado en la autoconciencia se sirve a sí mismo y es disfuncional. El ingenio exento de sabiduría es extremadamente peligroso y destructivo. Constituye el estado habitual de la mayor parte de la humanidad. La expansión del pensamiento por vías científicas y tecnológicas, aunque no es intrínsecamente bueno ni malo, también se ha vuelto destructivo, porque muy a menudo el proceso mental del que surge no hunde sus raíces en la conciencia.

El paso siguiente en la evolución humana es trascender el pensamiento. Actualmente es nuestra tarea más urgente. Esto no implica dejar de pensar, sino dejar de identificarse completamente con el pensamiento, dejar de estar poseídos por el pensamiento.

Siente la energía de tu cuerpo interno. El ruido mental se serena y cesa inmediatamente. Siéntela en tus manos, en tus pies, en tu abdomen, en tu pecho. Siente la vida que eres, la vida que anima el cuerpo.

Entonces el cuerpo se convierte en una puerta, por así decirlo, hacia una sensación de vida más profunda que subyace a las fluctuantes emociones y al pensamiento.

Hay una riqueza de vida en ti que puedes sentir con todo tu Ser, no sólo con la cabeza. En esa presencia en la que no necesitas pensar, cada célula está viva. Sin embargo, en ese estado, el pensamiento puede activarse si se le necesita para alguna finalidad práctica. La mente puede seguir operando, y opera perfectamente cuando la inteligencia mayor que *eres* la usa y se expresa a través de ella.

Quizá te haya pasado inadvertido que esos breves periodos en los que «eres consciente sin pensamiento» ya ocurren natural y espontáneamente en tu vida. Puedes estar realizando alguna actividad manual, o paseando por la habitación, o esperando en el mostrador de la aerolínea, y estar tan completamente presente que el ruido mental de fondo se disipa y es reemplazado por la presencia consciente. También puedes estar mirando al cielo o escuchando a alguien sin que surja ningún comentario interno. Tus percepciones se vuelven claras como el cristal, no están empañadas por el pensamiento.

Para la mente, todo esto no es significativo, porque tiene cosas «más importantes» en que pensar. Además, no es memorable, y por eso te ha pasado inadvertido.

Lo cierto es que es lo más significativo que *puede* ocurrirte. Es el principio de un cambio desde el pensamiento hacia la presencia consciente.

Siéntete cómodo en el estado de «no saber». Este estado te lleva más allá de la mente, porque la mente siempre está intentando concluir e interpretar. Tiene miedo de no saber. Por eso, cuando puedes sentirte cómodo en el no saber, ya has ido más allá de la mente. De ese estado surge un conocimiento más profundo que es no-conceptual.

Creación artística, deporte, danza, enseñanza, terapia: la maestría en cualquier disciplina implica que la mente pensante o bien ya no participa, o se ha quedado en un discreto segundo plano. Un poder y una inteligencia mayores que tú, aunque en esencia son uno contigo, toman el mando. Ya no hay proceso de toma de decisiones; la acción justa surge espontáneamente, y «tú» no la estás haciendo. La maestría de la vida es lo opuesto del control. Te alineas con la conciencia mayor. *Ella* actúa, habla y hace los trabajos.

Un momento de peligro puede producir el cese temporal de la corriente de pensamientos, permitiéndote degustar lo que significa estar presente, alerta, consciente.

La Verdad es mucho más omniabarcante de lo que la mente podrá comprender jamás. Ningún pensamiento puede encerrar y contener la Verdad. En el mejor de los casos, puede indicarla. Por ejemplo, puede decir: «Todas las cosas son intrínsecamente una.» Eso es una indicación, no una explicación. Comprender estas palabras significa *sentir* profundamente dentro de ti la verdad hacia la que apuntan.

Capítulo Tres

El yo separado

La mente busca alimento incesantemente, y no sólo para el pensamiento; está buscando alimento para su identidad, para su sentido del yo. Así es como el ego (el yo separado) viene a la existencia y se recrea continuamente a sí mismo.

Cuando piensas o hablas sobre ti, cuando dices «yo», sueles referirte a «yo y mi historia». Éste es el «yo» de lo que te gusta y de lo que te disgusta, de tus miedos y deseos, el «yo» que nunca está satisfecho por mucho tiempo. Es un sentido de quien eres creado por la mente, condicionado por el pasado y que trata de encontrar su realización en el futuro.

¿Puedes ver que este «yo» es pasajero, que es una formación temporal, como una onda que recorre la superficie del agua?

¿Quién ve que esto es así? ¿Quién es *consciente* de que tus formas física y psicológica son pasajeras? Yo soy. Éste es el «yo» profundo que no tiene nada que ver con el pasado y el futuro.

¿Qué quedará de todos los temores y deseos asociados con tu problemática situación existencial, que consumen cada día la mayor parte de tu atención? Un guión de varios centímetros de largo entre la fecha de tu nacimiento y la fecha de tu muerte inscritas en tu lápida.

Para el ego, éste es un pensamiento deprimente. Para ti es liberador.

Cuando cada pensamiento absorbe tu atención completamente significa que te identificas con la voz que suena en tu cabeza. Entonces los pensamientos quedan investidos de un sentido de yo. Esto es el ego, el «yo» creado por la mente. Este yo fabricado por la mente se siente incompleto y precario. Por eso el temor y el deseo son sus emociones predominantes y sus fuerzas motivadoras.

Cuando reconoces que hay una voz en tu cabeza que pretende ser tú y que nunca deja de hablar, estás saliendo de la identificación inconsciente con la corriente de pensamientos.

Cuando notas esa voz, te das cuenta de que tú no eres la voz —el pensador—, sino quien es consciente de ella.

La libertad estriba en conocerte a ti mismo como la conciencia que está detrás de la voz.

El ego siempre está buscando. Busca añadirse algo más de esto o de lo otro para completarse.

Esto explica su preocupación compulsiva por el futuro.

Cuando te des cuenta de que estás viviendo «para el momento siguiente», ya has salido del patrón mental del ego, con lo que surge la posibilidad de elegir prestarle toda tu atención a este momento.

Prestando toda tu atención a este momento, una inteligencia mucho mayor que la inteligencia de la mente egótica entra en tu vida.

Cuando vives a través del ego, siempre reduces el momento presente a un medio para un fin. Vives para el futuro, y cuando consigues tus objetivos, no te satisfacen, o al menos no por mucho tiempo.

Cuando prestas más atención a lo que haces que al resultado futuro que quieres conseguir con ello, rompes el viejo condicionamiento del ego.

Entonces tu hacer no sólo es mucho más eficaz, sino infinitamente más alegre y satisfactorio.

Casi cada ego contiene algún elemento de lo que podríamos llamar «identidad de víctima». La imagen de víctimas que algunas personas tienen de sí mismas es tan fuerte que se convierte en el núcleo central de su ego. El resentimiento y los agravios forman parte esencial de su sentido del yo.

Aunque tus agravios estén completamente «justificados», te has construido una identidad de víctima que se parece mucho a una prisión cuyos barrotes están hechos de formas mentales. Mira lo que te estás haciendo a ti mismo o, más bien, lo que te está haciendo tu mente. Siente tu apego emocional por tu historia de víctima y date cuenta de la tendencia compulsiva a pensar o hablar de ella. Mantente presente como testigo de tu estado interno. No tienes que *hacer* nada. Con la conciencia vienen la transformación y la libertad.

Los hábitos mentales favoritos del ego, los que le fortalecen, son la queja y la reactividad. Buena parte de la actividad emocional-mental de muchas personas consiste en quejarse o reaccionar contra esto o lo otro. Ello hace que los demás, o la situación, estén «equivocados», mientras que tú «tienes razón». Teniendo razón te sientes superior, y sintiéndote superior fortaleces tu sentido del yo. En realidad sólo estás fortaleciendo la ilusión del ego.

¿Puedes observar estos hábitos dentro de ti mismo y reconocer tu quejumbrosa voz interior por lo que es?

El sentido del yo característico del ego necesita el conflicto, porque su identidad separada se fortalece al luchar contra esto o lo otro, y al demostrar que esto soy «yo» y eso no soy «yo».

Es frecuente que tribus, naciones y religiones consigan fortalecer su sentido de identidad colectiva teniendo enemigos. ¿Quién sería el «creyente» sin el «infiel»?

En tus tratos con otras personas, ¿puedes detectar ligeros sentimientos de superioridad o inferioridad hacia ellas? Lo que estás viendo es el ego, que vive de la comparación.

La envidia es un derivado del ego, que se siente disminuido cuando a otra persona le pasa algo bueno, o cuando alguien tiene más, sabe más o puede hacer más que tú. La identidad del ego depende de la comparación y siempre quiere *más*. Se agarra a cualquier cosa. Si todo lo demás fracasa, puedes fortalecer tu ficticio sentido del yo sintiéndote *más* maltratado por la vida o *más* enfermo que otras personas.

¿Cuáles son las historias, las ficciones de las que derivas tu sentido del yo?

La necesidad de oponerse, de resistirse y de excluir está incorporada a la estructura misma del ego, ya que esto le permite mantener el sentido de separación del que depende su supervivencia. De modo que «yo» voy contra el «otro», «nosotros» contra «ellos».

El ego necesita estar en conflicto con alguien o algo. Eso explica por qué buscas la paz, la alegría y el amor, pero no puedes tolerarlos por largo tiempo. Dices que quieres la felicidad, pero eres adicto a tu infelicidad.

En último término, la infelicidad no surge de las circunstancias de tu vida, sino del condicionamiento de tu mente.

¿Albergas sentimientos de culpa respecto a algo que hiciste —o dejaste de hacer— en el pasado? Lo cierto es que actuaste de acuerdo a tu nivel de conciencia, o más bien de inconsciencia, de aquel tiempo. Si hubieras estado más alerta, si hubieras sido más consciente, habrías actuado de otra manera.

La culpa es otro intento del ego de crear una identidad, un sentido del yo. Al ego no le importa que el sentido del yo sea positivo o negativo. Lo que hiciste o dejaste de hacer fue una manifestación de inconsciencia, de la inconsciencia humana. El ego, no obstante, lo personaliza y dice: «Yo hice aquello», y así te creas una imagen mental de ti mismo como persona «mala».

A lo largo de la historia, los seres humanos han cometido incontables actos de agresión, crueldad y violencia hacia sus semejantes, y continúan realizándolos. ¿Son todos ellos condenables? ¿Son todos culpables? ¿O dichos actos son expresiones de la inconsciencia, de una etapa evolutiva que ahora estamos dejando atrás?

Las palabras de Jesús: «Perdónales porque no saben lo que hacen», también son aplicables a ti.

Si con el fin de liberarte te marcas metas egóticas que te potencian o te hacen sentirte importante, aunque las consigas, no te sentirás satisfecho.

Márcate metas, pero sabiendo que alcanzarlas no tienen la menor importancia. Cuando algo surge de la presencia, significa que este instante no es un medio para un fin: la acción es satisfactoria por sí misma en cada momento. Ya no reduces el Ahora a un medio para un fin, que es lo que hace la conciencia del ego.

«Cuando el yo desaparece, desaparecen los problemas», dijo el maestro budista cuando le pidieron que explicara el significado profundo del budismo.

CAPÍTULO CUATRO

EL AHORA

Cuando se mira superficialmente, parece que el momento presente es uno entre muchos, muchos momentos. Cada día de tu vida parece estar compuesto por miles de momentos en los que ocurren distintas cosas. Pero, si miras más a fondo, ¿no hay siempre un único momento? ¿No es la vida siempre «este momento»?

Este momento —el Ahora— es la única cosa de la que nunca puedes escapar, el único factor constante en tu vida. Pase lo que pase, por más que cambie tu vida, hay una cosa segura: siempre es Ahora.

Y ya que no es posible escapar del Ahora, ¿por qué no darle la bienvenida y hacerse amigo suyo?

Cuando te haces amigo del momento presente, te sientes como en casa dondequiera que estés. Si no te sientes cómodo en el Ahora, te sentirás incómodo dondequiera que vayas.

El momento presente es como es. Siempre. ¿Puedes dejarlo ser?

La división de la vida en pasado, presente y futuro es obra de la mente y, en definitiva, es ilusoria. Pasado y futuro son formas-pensamiento, abstracciones mentales. El pasado sólo puede ser recordado Ahora. Lo que recuerdas es un suceso que tuvo lugar en el Ahora, y lo recuerdas Ahora. El futuro, cuando llega, es un Ahora. De modo que lo único que es real, lo único que llega a tener existencia, *es* el Ahora.

Mantener la atención en el Ahora no implica negar las necesidades de tu vida. Se trata de reconocer qué es lo fundamental. Eso te permite gestionar lo secundario con gran facilidad. No se trata de decir: «Ya no me ocupo de las cosas porque sólo existe el Ahora.» No. Empieza por encontrar lo que es más importante y haz del Ahora tu amigo, no tu enemigo. Reconócelo, hónralo. Cuando el Ahora es el fundamento y el núcleo principal de tu vida, ésta se despliega con facilidad.

Recoger la vajilla, diseñar una estrategia empresarial, planear un viaje... ¿Qué es más importante, el acto en sí o el resultado que quieres conseguir con ese acto? ¿Este momento o algún momento futuro?

¿Tratas *este momento* como si fuera un obstáculo por superar? ¿Sientes que lo más importante es llegar a algún momento futuro?

Casi todas las personas viven así la mayor parte del tiempo. Como el futuro nunca llega, excepto *como* presente, es un estilo de vida disfuncional. Genera una continua corriente subterránea de tensión, alteración y descontento. No hace honor a la vida, que es Ahora y nunca deja de ser Ahora.

Siente la vida dentro de tu cuerpo. Eso te ancla en el Ahora.

No te responsabilizas definitivamente de la vida hasta que te responsabilizas de *este momento,* del Ahora. Esto se debe a que en el Ahora es en el único lugar donde se halla la vida.

Responsabilizarse de este momento significa no oponerse internamente a la «cualidad» del Ahora, no discutir con lo que es. Significa estar alineado con la vida.

El Ahora es como es porque no puede ser de otra manera. Ahora los físicos confirman lo que los budistas han sabido siempre: no hay cosas ni sucesos aislados. Por debajo de las apariencias superficiales, todas las cosas están interconectadas, son parte de la totalidad del cosmos que ha producido la forma que toma este momento.

Cuando dices «sí» a lo que es, te alineas con el poder y la inteligencia de la Vida misma. Sólo entonces puedes convertirte en un agente del cambio positivo en el mundo.

Una práctica espiritual simple, pero radical, es aceptar lo que surja en el Ahora, dentro y fuera.

Cuando tu atención te traslada al Ahora, estás alerta. Es como si despertases de un sueño: el sueño del pensamiento, el sueño del pasado y del futuro. Hay claridad, simplicidad. No queda sitio para fabricarse problemas. Simplemente este momento es como es.

En cuanto entras con tu atención en el Ahora, te das cuenta de que la vida es sagrada. Cuando estás presente, hay una sacralidad en todo lo que percibes. Cuanto más vivas en el Ahora, más sentirás la simple pero profunda alegría de Ser, y la santidad de toda vida.

La mayoría de la gente confunde el Ahora con *lo que ocurre* en el Ahora, pero son dos cosas distintas. El Ahora es más profundo que lo que ocurre en él. Es el espacio en el que ocurren las cosas.

Por tanto, no confundas el contenido de este momento con el Ahora. El Ahora es más profundo que cualquier contenido que surja en él.

Cuando entras en el Ahora, sales del contenido de tu mente. La corriente incesante de pensamientos se apacigua. Los pensamientos dejan de absorber toda tu atención, ya no te ocupan completamente. Surgen pausas entre pensamientos, espacio, quietud. Empiezas a darte cuenta de que eres mucho más profundo y vasto que tus pensamientos.

Pensamientos, emociones, percepciones sensoriales y experiencias constituyen el contenido de tu vida. «Mi vida» es de lo que derivas tu sentido del yo; «mi vida» son los contenidos, o al menos eso crees.

Pasas por alto continuamente el hecho más evidente: tu sentido más interno *Yo Soy* no tiene nada que ver con lo que *ocurre* en tu vida, nada que ver con los contenidos. Este sentido del *Yo Soy* es uno con el Ahora. Siempre permanece igual. En la infancia y en la vejez, en la salud o en la enfermedad, en el éxito y el fracaso, el *Yo Soy* —el espacio del Ahora— permanece inmutable al nivel más profundo. Habitualmente se confunde con el contenido, y por eso sólo experimentas el *Yo Soy* o el Ahora levemente, indirectamente, *a través* de los contenidos de tu vida. En otras palabras: tu sentido de Ser queda oscurecido por las circunstancias, por la corriente de pensamientos y por todas las cosas de este mundo. El Ahora queda oscurecido por el tiempo.

Y así olvidas que estás enraizado en el Ser, en tu realidad divina, y te pierdes en el mundo. Confusión, ira, depresión, violencia y conflicto afloran cuando los seres humanos olvidan quiénes son.

Sin embargo, qué fácil es recordar la verdad y volver a casa:

Yo no soy mis pensamientos, emociones, percepciones sensorias y experiencias. Yo no soy el contenido de mi vida. Yo soy Vida. Yo soy el espacio en el que ocurren todas las cosas. Yo soy conciencia. Yo soy el Ahora. Yo Soy.

CAPÍTULO CINCO

TU VERDADERO
SER

El Ahora es inseparable de quien eres en el nivel más profundo.

~

Hay muchas cosas importantes en tu vida, pero sólo una importa absolutamente.

Importa que tengas éxito o fracases a los ojos del mundo. Importa si tienes o no tienes salud, si has recibido o no una buena educación. Importa si eres rico o pobre; ciertamente, establece una diferencia en tu vida. Sí, todas estas cosas tienen importancia, una importancia relativa, pero no tienen una importancia absoluta.

Hay algo más importante que cualquiera de estas cosas: encontrar tu ser esencial más allá de esa entidad efímera, del efímero yo personal.

No encontrarás la paz reordenando las circunstancias de tu vida, sino dándote cuenta de quién eres al nivel más profundo.

La reencarnación no te ayudará si en la próxima encarnación sigues sin saber quién eres.

Todas las desgracias del planeta surgen del sentido personalizado del «yo» o del «nosotros», que recubre la esencia de tu ser. Cuando no eres consciente de la esencia interna, siempre acabas sintiéndote desgraciado. Es así de simple. Cuando no sabes quién eres, te fabricas mentalmente un yo que sustituye tu hermoso ser divino, y te apegas a ese yo temeroso y necesitado.

Entonces la protección y potenciación de ese falso sentido del yo se convierte en tu fuerza motivadora principal.

Muchas expresiones usadas habitualmente, y a veces la propia estructura del lenguaje, revelan que las personas no saben quiénes son. Por ejemplo, dices: «Él ha perdido su vida», o hablas de «mi vida», como si la vida fuera algo que pudieras poseer o perder. Lo cierto es que no *tienes* una vida; *eres* una vida. La Vida Una, la conciencia que interpenetra todo el universo y toma forma temporalmente para experimentarse como piedra o como hoja de hierba, como un animal, una persona, una estrella o una galaxia.

¿Puedes sentir en lo profundo de ti que ya sabes eso? ¿Puedes sentir que ya eres Eso?

Necesitas tiempo para la mayoría de las cosas de la vida: para adquirir nuevas aptitudes, para construir una casa, para especializarte en alguna disciplina, para prepararte una taza de té... Sin embargo, el tiempo es inútil para la cosa más esencial de la vida, para la única cosa que importa: la autorrealización, que significa saber quién eres más allá del yo superficial; más allá de tu nombre, de tu forma física, de tu historia personal, de tus historias.

No puedes encontrarte a ti mismo en el pasado o en el futuro. El único lugar donde puedes encontrarte es en el Ahora.

Los buscadores espirituales buscan la autorrealización o la iluminación en el futuro. Ser un buscador implica necesitar un futuro. Si lo crees así, entonces esto se vuelve verdad para ti: *necesitarás* tiempo hasta que llegues a darte cuenta de que no necesitas tiempo para ser quien eres.

Cuando miras un árbol, eres consciente del árbol. Cuando tienes un pensamiento o sentimiento, eres consciente de ese pensamiento o sentimiento. Cuando tienes una experiencia placentera o dolorosa, eres consciente de esa experiencia.

Estas declaraciones parecen ciertas y evidentes; sin embargo, si las examinas de cerca descubrirás que, sutilmente, su propia estructura contiene una ilusión fundamental, una ilusión inevitable cuando se usa el lenguaje. Pensamiento y lenguaje crean una aparente dualidad y una persona separada donde no la hay. Lo cierto es: tú no eres alguien que es consciente del árbol, del pensamiento, del sentimiento o de la experiencia. Tú eres la conciencia en la que —y por la que— esas cosas aparecen.

Mientras vives tu vida, ¿puedes ser consciente de ti mismo como la conciencia en la cual se despliega todo el contenido de tu vida?

Dices: «Yo quiero conocerme a mí mismo.» Tú *eres* el «yo». Tú *eres* el Conocimiento. Tú *eres* la conciencia por la que todo es conocido. Y eso no puede *conocerse* a sí mismo; eso *es* sí mismo.

No hay nada que saber más allá de esto, y sin embargo todo conocimiento surge de ello. El «yo» no puede convertirse en un objeto de conocimiento, de conciencia.

De modo que no puedes convertirte en un objeto para ti mismo. Por eso mismo ha surgido la ilusión de la identidad egótica, porque mentalmente has hecho de ti mismo un objeto. «Eso soy yo», dices. Y empiezas a tener una relación contigo mismo, y te cuentas tu historia a ti mismo y a los demás.

Conociéndote como la conciencia en la que ocurre la existencia fenoménica, te liberas de la dependencia de los fenómenos, te liberas de la búsqueda del yo en situaciones, lugares y estados. En otras palabras: lo que ocurre o deja de ocurrir ya no es tan importante. Las situaciones pierden su gravedad, su seriedad. Un ánimo juguetón entra en tu vida. Reconoces que este mundo es una danza cósmica, la danza de la forma, ni más ni menos.

Cuando sabes verdaderamente quién eres, vives en una vibrante y permanente sensación de paz. Puedes llamarla alegría, porque la alegría es eso: una paz vibrante de vida. Es la alegría de conocerte a ti mismo como la esencia de vida antes de tomar forma. Eso es la alegría de Ser, de ser quien realmente eres.

Así como el agua puede ser sólida, líquida o gaseosa, la conciencia puede estar «congelada» y tomar la forma de la materia física; puede ser «líquida», tomando la forma de la mente y del pensamiento, o puede ser informe, como la conciencia pura.

La conciencia pura es la Vida antes de manifestarse, y esa Vida mira al mundo de la forma a través de «tus» ojos, porque esa conciencia es quien tú eres. Cuando te conoces como Eso, te reconoces en todas las cosas. Es un estado de completa claridad de percepción. Ya no eres más una entidad con un gravoso pasado, convertida en una pantalla de conceptos que interpreta cada experiencia.

Cuando percibes sin interpretación, puedes sentir qué es lo que se percibe. Lo máximo que podemos expresar con el lenguaje es que existe un campo de quietud consciente en el que ocurre la percepción.

A través de «ti», la conciencia informe se hace consciente de sí misma.

Las vidas de la mayoría de la gente están dirigidas por el deseo y el miedo.

El deseo es la necesidad de *añadirte* algo para poder *ser* tú mismo más plenamente. Todo miedo es el miedo de *perder* algo y, por tanto, de sentirte reducido y de ser *menos* de lo que eres.

Estos dos movimientos oscurecen el hecho de que el Ser no puede ser dado ni quitado. El Ser ya está en ti en toda su plenitud, Ahora.

CAPÍTULO SEIS

ACEPTACIÓN
Y RENDICIÓN

Cuando puedas, echa una «mirada» a tu interior para ver si estás creando conflicto inconscientemente entre lo interno y lo externo, entre las circunstancias externas del momento —dónde estás, con quién y lo que estás haciendo— y tus pensamientos y sentimientos. ¿Puedes sentir lo doloroso que es oponerse internamente a lo que *es*?

Cuando reconoces este hecho, también te das cuenta de que ahora eres libre de renunciar a este conflicto fútil, al estado interno de guerra.

Si verbalizaras tu realidad del momento, ¿cuántas veces al día tendrías que decirte: «No quiero estar donde estoy»? ¿Cómo te sientes cuando no quieres estar donde estás: en el embotellamiento, en tu puesto de trabajo, en el salón de espera del aeropuerto con la gente que te acompaña?

Sin duda es cierto que lo mejor que se puede hacer en ciertos lugares es salir de ellos, y a veces eso es lo más apropiado. No obstante, en muchos casos, no tienes la opción de irte. En esas situaciones, el «no quiero estar aquí», además de inútil, es disfuncional. Te hace infeliz y hace infelices a los demás.

Ha sido dicho: dondequiera que llegues, allí estás. En otras palabras: estás aquí. Siempre. ¿Es tan duro de aceptar?

¿Realmente necesitas etiquetar mentalmente cada percepción sensorial y cada experiencia? ¿Necesitas tener esa relación reactiva de gusto o de disgusto ante la vida, que te lleva a estar continuamente en conflicto con personas y situaciones? ¿O es únicamente un hábito mental profundamente arraigado que puedes romper? Sin hacer nada en particular; simplemente, dejando que este momento sea como es.

El «no» habitual y reactivo fortalece el ego. El «sí» lo debilita. Tu identidad en la forma, el ego, no puede sobrevivir a la rendición.

«Tengo muchas cosas que hacer.» Sí, pero ¿cuál es la calidad de tu hacer? Conducir rumbo al trabajo, hablar con los clientes, trabajar en el ordenador, hacer recados, atender las innumerables cosas que constituyen tu vida... ¿Hasta qué punto eres total en lo que haces? ¿Es tu acción una rendición o una resistencia? Esto es lo que determina el éxito que consigues en la vida, no la cantidad de esfuerzo que pongas. El esfuerzo implica estrés, tensión, *necesidad* de alcanzar cierto punto en el futuro o de conseguir algún resultado.

¿Puedes llegar a detectar en tu interior la más leve sombra de *no querer* estar haciendo lo que estás haciendo? Eso es una negación de la vida, y por ello no puedes conseguir un resultado verdaderamente exitoso.

Si has sido capaz de detectar esa negación en ti, ¿puedes también dejarlo y ser total en lo que haces?

«Hacer una cosa cada vez»; así es como un maestro Zen definió la esencia del Zen.

Hacer una cosa cada vez significa ser total en lo que haces, prestarle toda tu atención. Eso es acción rendida, acción poderosa.

Tu aceptación de lo que *es* te lleva a un nivel más profundo, donde tanto tu estado interno como tu sentido del yo no dependen ya de que la mente los juzgue «buenos» o «malos».

Si dices «sí» a la vida tal como es, si aceptas este momento como es, puedes sentir dentro de ti un espacio profundamente pacífico.

Superficialmente puedes seguir sintiéndote feliz cuando hace sol y menos feliz cuando llueve; puedes sentirte feliz si ganas un millón de dólares e infeliz si pierdes todas tus posesiones. Sin embargo, la felicidad y la infelicidad ya no calan tan hondo. Son olas en la superficie de tu Ser. La paz de fondo que hay dentro de ti permanece inmutable en cualesquiera que sean las condiciones externas.

El «sí a lo que *es*» revela una dimensión de profundidad en ti que no depende ni de las condiciones externas ni de la condición interna de los pensamientos y emociones en constante fluctuación.

La rendición se vuelve mucho más fácil cuando te das cuenta de la naturaleza efímera de todas las experiencias, y de que el mundo no puede darte nada de valor duradero. Entonces continúas conociendo gente, sigues teniendo experiencias y participando en actividades, pero sin los deseos y miedos del ego. Es decir, ya no exiges que una situación, persona, lugar o suceso te satisfaga o te haga feliz. Dejas ser a su naturaleza pasajera e imperfecta.

Y el milagro es que, cuando dejas de exigirle lo imposible, cada situación, persona, lugar o suceso se vuelve no sólo satisfactorio, sino también más armonioso, más pacífico.

Cuando aceptas este momento completamente, cuando ya no discutes con lo que *es*, el pensamiento compulsivo mengua y es remplazado por una quietud alerta. Eres plenamente consciente, y sin embargo la mente no pone ninguna etiqueta a este momento. Este estado de no-resistencia interna te abre a la conciencia incondicionada, que es infinitamente mayor que la mente humana. Entonces esta vasta inteligencia puede expresarse a través de ti y ayudarte, tanto desde dentro como desde fuera. Por eso, cuando abandonas la resistencia interna, a menudo descubres que las circunstancias cambian para mejor.

¿Estoy diciendo: «Disfruta este momento. Sé feliz»? No.

Permite que se exprese este momento tal como es. Eso es suficiente.

Rendirse es rendirse a *este momento*, no a una historia a través de la cual *interpretas* este momento y después tratas de resignarte a él.

Por ejemplo, puede que estés inválido y que ya no puedas caminar. Tu estado es lo que es.

Tal vez tu mente esté creando una historia que diga: «A esto se ha reducido mi vida. He acabado en una silla de ruedas. La vida me ha tratado con dureza, injustamente. No me merezco esto.»

¿Puedes aceptar que este momento *es como es* y no confundirlo con la historia que la mente ha creado a su alrededor?

La rendición llega cuando dejas de preguntar: «¿Por qué me está pasando esto a mí?»

Incluso en las situaciones aparentemente más inaceptables y dolorosas se esconde un bien mayor, y cada desastre lleva en su seno la semilla de la gracia.

A lo largo de la historia, siempre ha habido mujeres y hombres que, cuando tuvieron que hacer frente a grandes pérdidas, enfermedades, prisión o muerte inminente, aceptaron lo aparentemente inaceptable, y así hallaron «la paz que supera toda comprensión».

La aceptación de lo inaceptable es la mayor fuente de gracia en este mundo.

Hay situaciones en las que todas las respuestas y explicaciones fracasan. La vida deja de tener sentido. O alguien que está pasando un apuro viene a pedirte ayuda, y tú no sabes qué decir ni qué hacer.

Cuando aceptas plenamente que no sabes, renuncias a esforzarte por encontrar respuestas con la mente pensante y limitada, y es entonces cuando una inteligencia mayor puede operar a través de ti. En ese instante, hasta el pensamiento puede beneficiarse, porque la inteligencia mayor puede fluir a él e inspirarlo.

A veces, rendición significa renunciar a tratar de comprender y sentirse cómodo en el desconocimiento.

¿Conoces a ese tipo de persona cuya principal función en la vida parece ser la de ser desgraciada y hacer desgraciados a los demás, la de extender la infelicidad? Perdónales, porque ellos también forman parte del despertar de la humanidad. Representan una intensificación de la pesadilla de la conciencia egótica, del estado de no-rendición. En su función no hay nada personal. Ellos no son eso.

Uno podría decir que rendirse es la transición interna de la resistencia a la aceptación, del «no» al «sí».

Cuando te rindes, tu sentido del yo pasa de estar identificado con una reacción o juicio mental a ser el *espacio que rodea* a la reacción o al juicio. Es pasar de identificarte con la forma —el pensamiento o emoción— a ser y reconocerte como aquello que no tiene forma, la conciencia espaciosa.

Lo que aceptes completamente te hará sentirte en paz, incluyendo la aceptación de que no puedes aceptar, de que te estás resistiendo.

Deja la Vida en paz. Déjala ser.

CAPÍTULO SIETE

NATURALEZA

Dependemos de la naturaleza no sólo para nuestra supervivencia física. También necesitamos a la naturaleza para que nos enseñe el camino a casa, el camino de salida de la prisión de nuestras mentes. Nos hemos perdido en el hacer, en el pensar, en el recordar, en el anticipar: estamos perdidos en un complejo laberinto, en un mundo de problemas.

Hemos olvidado lo que las rocas, las plantas y los animales todavía saben. Nos hemos olvidado de *ser:* de ser nosotros mismos, de estar en silencio, de estar donde está la vida: Aquí y Ahora.

Cuando diriges tu atención hacia algo natural, hacia algo que ha venido a la existencia sin la intervención humana, sales de la prisión del pensamiento conceptual y, en cierta medida, participas del estado de conexión con el Ser en el que todavía existe todo lo natural.

Llevar tu atención a una piedra, a un árbol o a un animal no significa *pensar* en ellos, sino simplemente percibirlos, darte cuenta de ellos.

Entonces se te transmite algo de su esencia. Puedes sentir lo aquietado que está y, sintiéndolo, surge en ti esa misma quietud. Sientes lo profundamente que descansa en el Ser, completamente unificado con lo que es y con dónde está. Al darte cuenta de ello, tú también entras en un lugar de profundo reposo dentro de ti mismo.

Cuando camines o descanses en la naturaleza, honra ese reino permaneciendo allí plenamente. Serénate. Mira. Escucha. Observa cómo cada planta y animal son completamente ellos mismos. A diferencia de los humanos, no están divididos en dos. No viven a través de imágenes mentales de sí mismos, y por eso no tienen que preocuparse de proteger y potenciar esas imágenes. El ciervo *es* él mismo. El narciso *es* él mismo.

Todas las cosas naturales, además de estar unificadas consigo mismas, están unificadas con la totalidad. No se han apartado del entramado de la totalidad reclamando una existencia separada: «yo» y el resto del universo.

La contemplación de la naturaleza puede liberarte del «yo», el gran creador de conflictos.

Percibe los múltiples sonidos sutiles de la naturaleza: el susurro de las hojas al viento, la caída de las gotas de lluvia, el zumbido de un insecto, la primera canción del pájaro al amanecer. Entrégate completamente al acto de escuchar. Más allá de los sonidos, hay algo mayor: una sacralidad que no podemos comprender a través del pensamiento.

Tú no creaste tu cuerpo, y tampoco eres capaz de controlar las funciones corporales. En tu cuerpo opera una inteligencia mayor que la mente humana. Es la misma inteligencia que lo sustenta todo en la naturaleza. Para acercarte al máximo a esa inteligencia, sé consciente de tu propio campo energético interno, siente la vida, la presencia que anima el organismo.

La alegría y las ganas de jugar de un perro, su amor incondicional y su disposición a celebrar la vida en cualquier momento suelen contrastar agudamente con el estado interno del dueño del perro: deprimido, ansioso, cargado de problemas, perdido en el pensamiento, ausente del único momento y lugar que existen: el Aquí y el Ahora. Uno se pregunta:

viviendo con esa persona, ¿cómo consigue el perro mantenerse tan sano, tan alegre?

Cuando percibes la naturaleza sólo a través de la mente, del pensamiento, no puedes sentir su plenitud de vida, su ser. Sólo ves la forma y no eres consciente de la vida que la anima, del misterio sagrado. El pensamiento reduce la naturaleza a un bien de consumo a un medio de conseguir beneficios, conocimiento, o algún otro propósito práctico. El antiguo bosque se convierte en madera; el pájaro, en un proyecto de investigación; la montaña, en el emplazamiento de una mina o en algo por conquistar.

Cuando percibas la naturaleza, permite que haya espacios sin pensamiento, sin mente. Cuando te acerques a la naturaleza de este modo, ella te responderá y participará en la evolución de la conciencia humana y planetaria.

Nota lo presente que está la flor, lo rendida que está a la vida.

La planta que tienes en casa..., ¿la has mirado detenidamente alguna vez? ¿Has permitido que ese ser familiar pero misterioso que llamamos *planta* te enseñe sus secretos? ¿Te has dado cuenta de lo pacífica que es, de que está rodeada de un campo de quietud? En el momento en que te das cuenta de la quietud y de la paz que emana, esa misma planta se convierte en tu maestra.

Observa un animal, una flor, un árbol, y mira cómo descansan en el Ser. Cada uno de ellos *es* él mismo. Tiene una enorme dignidad, inocencia, santidad. Sin embargo, para poder ver esto, tienes que ir más allá del hábito mental de nombrar y etiquetar. En el momento en que miras más allá de las etiquetas mentales, sientes la dimensión inefable de la naturaleza, que no puede ser comprendida por el pensamiento ni percibida por los sentidos. Es una armonía, una sacralidad que, además de compenetrar la totalidad de la naturaleza, está dentro de ti.

El aire que respiras es natural, como el propio proceso de respirar.

Dirige la atención a tu respiración y date cuenta de que no eres tú quien respira. La respiración es natural. Si tuvieras que acordarte de respirar, muy pronto morirías, y si intentaras dejar de respirar, la naturaleza prevalecería.

Reconecta con la naturaleza del modo más íntimo e interno percibiendo tu propia respiración y aprendiendo a mantener tu atención en ella. Ésta es una práctica muy curativa y energetizante. Produce un cambio de conciencia que te permite pasar del mundo conceptual del pensamiento al reino interno de la conciencia incondicionada.

Necesitas que la naturaleza te enseñe y te ayude a reconectar con tu Ser. Pero tú no eres el único necesitado; ella también te necesita a ti.

No estás separado de la naturaleza. Todos somos parte de la Vida Una que se manifiesta en incontables formas en todo el universo, formas que están, todas ellas, completamente interconectadas. Cuando reconoces la santidad, la belleza, la increíble quietud y dignidad en las que una flor o un árbol existen, tú añades algo a esa flor o a ese árbol. A través de tu reconocimiento, de tu conciencia, la naturaleza llega a conocerse a sí misma. ¡Alcanza a conocer su propia belleza y sacralidad a través de ti!

Un gran espacio silencioso contiene en su abrazo la totalidad del mundo natural. Y también te contiene a ti.

Sólo mediante la quietud interior tienes acceso al reino de quietud en el que habitan las rocas, las plantas y los animales. Sólo cuando tu mente ruidosa se queda en silencio puedes conectar profundamente con la naturaleza y sanar la separación creada por el exceso de pensamiento.

Pensar es una etapa en la evolución de la vida. La naturaleza existe en una quietud inocente que es anterior a la aparición del pensamiento. El árbol, la flor, el pájaro o la roca no son conscientes de su propia belleza y santidad. Cuando los seres humanos se aquietan, van más allá del pensamiento. La quietud que está más allá del pensamiento contiene una dimensión añadida de conocimiento, de conciencia.

La naturaleza puede llevarte a la quietud. Ése es su regalo para ti. Cuando percibes la naturaleza y te unes a ella en el campo de quietud, éste se llena de tu conciencia. Ése es tu regalo a la naturaleza.

A través de ti, la naturaleza toma conciencia de sí misma. Es como si la naturaleza te hubiera estado esperando durante millones de años.

CAPÍTULO OCHO

RELACIONES

Qué rápidamente nos formamos una opinión de otras personas, qué rápidamente llegamos a una conclusión sobre ellas. A la mente egótica le resulta satisfactorio etiquetar a otro ser humano, darle una identidad conceptual, pronunciar juicios severos.

Cada ser humano ha sido condicionado a pensar y comportarse de cierta manera, condicionado tanto genéticamente como por sus experiencias infantiles y su entorno cultural.

No es que ese ser humano sea así, pero así es como se presenta. Cuando emites un juicio respecto a alguien, confundes los patrones mentales condicionados con lo que esa persona es. Esa acción, en sí misma, denota un patrón profundamente incons-ciente y condicionado. Das a esa persona una identidad conceptual, y esa falsa identidad se convierte en una prisión no sólo para ella, sino también para ti.

Evitar el juicio no implica ignorar lo que el otro hace; implica reconocer que su conducta es una manera de condicionamiento; implica verla y aceptarla tal como es, sin construir una identidad para esa persona a partir del condicionamiento.

Eso te libera a ti y a la otra persona de la identificación con el condicionamiento, con la forma, con la mente. Entonces el ego ya no rige tu relación.

Mientras el ego dirija tu vida, la mayor parte de tus pensamientos, emociones y acciones surgirán del deseo y del miedo. Entonces, en las relaciones, o bien demandarás, o bien temerás algo de la otra persona.

Puede que quieras placer o beneficios materiales, reconocimiento, alabanzas o atención, o fortalecer tu sentido del yo mediante la comparación y el establecimiento de que eres, tienes o sabes más que la otra persona. Y lo que temes es que ocurra justo lo contrario, que esa persona pueda reducir de algún modo tu sentido del yo.

Cuando diriges tu atención al momento presente —en lugar de usarlo como un medio para un fin— vas más allá del ego y más allá de la compulsión inconsciente de usar a la gente como un medio para un fin, siendo el fin tu propio fortalecimiento a costa de los demás. Cuando prestas toda tu atención a la persona con la que estás interactuando, dejas fuera de la relación el pasado y el futuro, excepto para fines prácticos. Cuando estás plenamente presente en tus encuentros con otras personas, renuncias a la identidad conceptual que has creado para ellas —tu interpretación de quiénes son y de lo que hicieron en el pasado—, y eres capaz de interactuar prescindiendo de los movimientos egóticos del deseo y del miedo. La clave está en la atención, que es una alerta serena.

Qué maravilloso es poder ir más allá del deseo y del miedo en las relaciones. El amor no desea ni teme nada.

Si su pasado fuera tu pasado, si su dolor fuera tu dolor, si su nivel de conciencia fuera tu nivel de conciencia, pensarías y actuarías exactamente como él o ella. Esta compresión trae consigo perdón, compasión y paz.

Al ego no le gusta oír esto, porque pierde fuerza cuando no puede mostrarse reactivo y tener razón.

Cuando recibes como a un noble invitado a cualquiera que venga al espacio del Ahora, cuando permites a cada persona ser como es, él o ella empieza a cambiar.

Para conocer a otro ser humano en su esencia, no te hace falta saber nada *sobre* él: su pasado, su historia personal, sus experiencias. *El saber acerca de* lo confundimos con un conocimiento más profundo, un conocimiento no-conceptual. *Saber acerca de* y el conocimiento no-conceptual son dos formas de conocer completamente distintas. Una tiene que ver con la forma; la otra, con lo informe. Una opera a través del pensamiento; la otra, a través de la quietud.

Saber acerca de resulta útil a nivel práctico; de hecho, es imprescindible. No obstante, cuando ése es el modo predominante de conocer en las relaciones, se vuelve muy limitante, incluso destructivo. Los conceptos y pensamientos crean una barrera artificial, una separación entre los seres humanos. Entonces tus interacciones no están enraizadas en el Ser, sino que se basan en la mente. Cuando no hay barreras conceptuales, el amor se encuentra presente de manera natural en todas las interacciones humanas.

La mayoría de las interacciones humanas se limitan a un intercambio de palabras: al reino del pensamiento. Es esencial conseguir cierta quietud, particularmente en las relaciones íntimas.

Ninguna relación puede crecer sin la sensación de espacio que acompaña a la quietud. Mediten juntos o pasen ratos en silencio en la naturaleza. Si van de paseo, o están sentados en el coche o en casa, siéntanse cómodos compartiendo la quietud. La quietud ni puede ser creada ni es necesario crearla. Simplemente, permanezcan receptivos a la quietud que ya se encuentra presente, aunque suele quedar oscurecida por el ruido mental.

Si se pierde la quietud espaciosa, la relación estará dominada por la mente, y los problemas y los conflictos podrán adueñarse de ella fácilmente. Si está presente la quietud, podrá contener cualquier cosa.

Escuchar de verdad es otro modo de llevar quietud a la relación. Cuando escuchas verdaderamente a alguien, surge la dimensión de quietud y se convierte en parte esencial de la relación. Pero escuchar de verdad es un don escaso. Generalmente, la mayor parte de la atención de la persona está consumida por su pensamiento. En el mejor de los casos, puede estar evaluando tus palabras o preparando la siguiente frase que va a decir. O puede que no te esté escuchando en absoluto, perdida en sus propios pensamientos.

Escuchar verdaderamente va mucho más allá de la percepción auditiva. Es el emerger de una atención alerta, un espacio de presencia en el que las palabras son recibidas. Ahora las palabras se vuelven secundarias. Pueden ser significativas o pueden no tener sentido. Mucho más importante que *aquello que* estás escuchando es el acto mismo de escuchar, el espacio de presencia consciente que surge al escuchar. Ese espacio es un campo de conciencia unificador en el que te encuentras con la otra persona sin las barreras de separación creadas por el pensamiento conceptual. Y la otra persona deja de ser «otra». En ese espacio, ustedes están unidos en una misma alerta, una conciencia.

¿Vives dramas frecuentes y repetitivos en tus relaciones íntimas? ¿Desacuerdos relativamente insignificantes que provocan violentas discusiones y dolor emocional?

Los patrones egóticos básicos están en la raíz de estas experiencias: la necesidad de tener razón y, por supuesto, de que el otro esté equivocado; es decir, la identificación con posiciones mentales. También está presente la necesidad periódica del ego de estar en conflicto con algo o alguien para fortalecer su sentido de separación entre «yo» y el «otro», sin el que no puede sobrevivir.

Además, está el dolor emocional acumulado del pasado que tú y cada ser humano arrastra en su interior, tanto de tu pasado personal como del dolor colectivo de la humanidad que se remonta mucho, mucho tiempo atrás. Este «cuerpo-dolor» es un campo energético interno que se adueña esporádicamente de ti porque necesita experimentar más dolor emocional para alimentarse y reabastecerse. Tratará de controlar tu pensamiento y de hacerlo profundamente negativo. Le encantan tus pensamientos negativos, porque resuenan con su frecuencia y puede alimentarse de ellos. También provoca reacciones emocionales negativas en las personas que están a tu alrededor, especialmente en tu pareja, para alimentarse del drama y del dolor emocional.

¿Cómo puedes liberarte de esta identificación inconsciente y profundamente arraigada con el dolor, que genera tanta miseria en tu vida?

Toma conciencia de él. Date cuenta de que no es quien tú eres, y reconócelo por lo que es: dolor del pasado. Sé su testigo cuando te ocurra o le ocurra a tu pareja. Cuando rompes tu identificación inconsciente con él, cuando eres capaz de observarlo dentro de ti, dejas de alimentarlo, y gradualmente perderá su carga energética.

La interacción humana puede ser un infierno. O puede ser una gran práctica espiritual.

Cuando miras a otro ser humano y sientes un gran amor por él, o cuando contemplas la belleza natural y algo dentro de ti responde profundamente a ella, cierra los ojos un momento y siente la esencia de ese amor o de esa belleza interna, inseparable de quien eres, de tu verdadera naturaleza. La forma externa es un reflejo temporal de lo que, en esencia, eres por dentro. Por eso el amor y la belleza nunca pueden abandonarte, aunque todas las formas externas lo harán.

¿Cuál es tu relación con el mundo de los objetos, con las incontables cosas que te rodean y que utilizas cada día? ¿La silla en la que te sientas, el bolígrafo, el coche, la taza? ¿Son para ti simples medios para un fin, o de vez en cuando reconoces su existencia, su ser, aunque sea brevemente, dándote cuenta de ellos y prestándoles atención?

Cuando te apegas a los objetos, cuando los usas para justificar tu valía ante ti mismo o a ojos de los demás, la preocupación por las cosas puede adueñarse completamente de tu vida. Cuando te identificas con las cosas, no las aprecias por lo que son, porque te estás buscando en ellas.

Si aprecias un objeto por lo que es, si reconoces su ser sin proyecciones mentales, *no* puedes dejar de sentirte agradecido por su existencia. También podrías sentir que en realidad no es inanimado, que sólo parece inanimado a los sentidos. Los físicos confirman que, a nivel molecular, cada objeto es un campo de energía pulsante.

La apreciación desinteresada del reino de las cosas hará que el mundo que te rodea cobre vida de un modo que ni siquiera puedes comenzar a comprender con la mente.

Cuando te encuentras con alguien, aunque sea muy brevemente, ¿reconoces su ser prestándole toda tu atención? ¿O le reduces a un medio para un fin, un mero papel o función?

¿Cuál es la calidad de tu relación con la cajera del supermercado, con el empleado del estacionamiento, con el mecánico, con el «cliente»?

Un momento de atención es suficiente. Mientras le miras o le escuchas hay una alerta silenciosa, tal vez de unos pocos segundos, tal vez más larga. Eso es suficiente para que emerja algo más real que los papeles con los que nos identificamos y que estamos acostumbrados a desempeñar. Todos los papeles son parte de la conciencia condicionada característica de la mente humana. Lo que emerge a través del acto de atención es lo incondicionado: quien eres en tu esencia, por debajo de tu nombre y de tu propia forma. Dejas de seguir un guión, te vuelves real. Cuando esa dimensión emerge dentro de ti, también la evocas en la otra persona.

En último término no hay otro, siempre te estás encontrando contigo mismo.

CAPÍTULO NUEVE

MUERTE Y ETERNIDAD

Cuando caminas por un bosque que no ha sido domesticado por la mano del hombre, no sólo ves abundante vida a tu alrededor; también encuentras a cada paso árboles caídos y troncos desmoronados, hojas podridas y materia en descomposición. Dondequiera que mires, encontrarás muerte además de vida.

Al escrutarlo más de cerca, descubrirás que el tronco que se está descomponiendo y las hojas podridas no sólo hacen nacer nueva vida, sino que ellos mismos están llenos de vida. Los microorganismos están actuando en ellos. Las moléculas están reordenándose. De modo que no hay muerte por ninguna parte. Sólo existe una metamorfosis de las formas de vida. ¿Qué puedes aprender de esto?

La muerte no es lo contrario de la vida. La vida no tiene opuesto. Lo opuesto de la muerte es el nacimiento. La vida es eterna.

A lo largo de los siglos, los sabios y los poetas han reconocido la cualidad onírica de la existencia humana: aparentemente tan sólida y real, y sin embargo tan efímera, que puede disolverse en cualquier momento.

En la hora de tu muerte, la historia de tu vida puede parecerte como un sueño que está llegando a su fin. Sin embargo, hasta en un sueño tiene que haber una esencia que sea real. Debe haber una conciencia en la que ocurra el sueño, porque de otro modo no soñarías.

Esa conciencia..., ¿la crea el cuerpo, o es la conciencia la que crea el sueño de un cuerpo, el sueño de ser alguien?

¿Por qué la mayoría de los que han revivido después de la muerte clínica han perdido el miedo a la muerte? Reflexiona sobre ello.

Por supuesto que sabes que vas a morir, pero eso no es más que un concepto mental hasta que te topes por primera vez con la muerte «en persona»: por medio de una enfermedad grave, de un accidente que te ocurre o le sucede a alguien cercano a ti o por el deceso de un ser querido, la muerte entra en tu vida haciendo que te des cuenta de tu propia mortalidad.

La mayoría de las personas se alejan atemorizadas de la muerte; pero si no te acobardas y afrontas el hecho de que tu cuerpo es pasajero y podría desvanecerse en cualquier momento, se produce cierta desidentificación, por pequeña que sea, de tu forma física y psicológica, del «yo». Cuando ves y aceptas la naturaleza impermanente de todas las formas de vida, te sobreviene una extraña sensación de paz.

Afrontando la muerte, tu conciencia se libera, en cierta medida, de la identificación con la forma. Por eso, en algunas tradiciones budistas los monjes visitan regularmente los cementerios para sentarse y meditar entre los difuntos.

En las culturas occidentales, la negación de la muerte sigue estando muy extendida. Incluso la gente mayor trata de no hablar ni pensar en ella, y existe la costumbre de ocultar los cuerpos de los muertos. Una cultura que niega la muerte será inevitablemente superficial, pues sólo se preocupa por la forma externa de las cosas. Cuando se niega la muerte, la vida pierde su profundidad. La posibilidad de saber quiénes somos más allá del nombre y la forma, la dimensión trascendente, desaparece de nuestras vidas porque la muerte es la puerta a esa dimensión.

La gente suele sentirse incómoda con los finales, porque cada final es una pequeña muerte. Por eso, en muchas lenguas, la palabra «adiós» significa «volveremos a vernos».

Cuando una experiencia —una reunión de amigos, unas vacaciones, que tus hijos crezcan y se vayan de casa— llega a su fin, mueres un poco. La «forma» que esa experiencia tenía en tu conciencia se disuelve. Esto suele producir un sentimiento de vacío que muchas personas prefieren no sentir, no afrontar.

Si puedes aprender a aceptar, e incluso a dar la bienvenida a los finales de tu vida, tal vez descubras que el sentimiento de vacío, que inicialmente te pareció incómodo, se convierte en una sensación de espacio interno que es profundamente apacible.

Aprendiendo a morir diariamente de este modo, te abres a la Vida.

La mayoría de las personas sienten que su identidad, su sentido del yo, es algo increíblemente precioso que no quieren perder. Por eso tienen tanto miedo a la muerte.

Parece inimaginable y pavoroso que el «yo» pudiera dejar de existir. Pero confundes ese precioso «yo» con tu nombre y tu forma, y con la historia asociada a él. Ese «yo» no es más que una formación temporal en el campo de conciencia.

Mientras sólo conozcas la identidad vinculada a la forma, no serás consciente de que esa preciosidad es tu propia esencia, tu sentido *Yo Soy* más interno, que es la conciencia misma. Es lo eterno en ti, y eso es lo único que *no puedes* perder.

Cada vez que se produce una gran pérdida en tu vida —como la pérdida de posesiones, de tu hogar, de una relación íntima; o la pérdida de tu reputación, de tu trabajo o de tus capacidades físicas—, algo muere dentro de ti. Sientes que mengua tu sentido de identidad. También podrías sentir cierta desorientación. «Sin esto..., ¿quién soy yo?»

Cuando una forma con la que te habías identificado inconscientemente y que considerabas parte de ti te deja o se desvanece, eso puede ser muy doloroso. Podría decirse que eso deja un agujero en la trama de tu existencia.

Cuando te ocurra algo así, no niegues ni ignores el dolor o la tristeza que sientes. Acepta que están ahí. Date cuenta de la tendencia de la mente a construir una historia en torno a esa pérdida en la que se te asigna el papel de víctima. El miedo, la ira, el resentimiento o la autocompasión son las emociones que acompañan a ese papel. A continuación, toma conciencia de lo que está detrás de esas emociones y detrás de la historia fabricada por la mente: ese agujero, ese espacio vacío. ¿Puedes afrontar y aceptar esa extraña sensación de vacío? Si lo haces, tal vez descubras que ya no te da miedo. Quizá te sorprenda descubrir la paz que emana de él.

Cada vez que se produce una muerte, cada vez que una forma de vida se desvanece, Dios, el informe e inmanifestado, brilla a través de la abertura dejada por la forma disuelta. Por eso lo más sagrado de la vida es la muerte. Por eso la paz de Dios puede llegar hasta ti en la contemplación y en la aceptación de la muerte.

¡Qué efímera es cada experiencia humana, qué breves nuestras vidas! ¿Hay algo que no esté sujeto al nacimiento y a la muerte, algo que sea eterno?

Considera este hecho: si sólo existiera un color, digamos el azul, y el mundo con todo lo que contiene fuera azul, entonces no habría color azul. Es necesario que haya algo que no sea azul para poder reconocer el color azul; de otro modo no «destacaría», no existiría.

Asimismo, ¿no hace falta que haya algo no pasajero ni impermanente para poder reconocer la evanescencia de todas las cosas? En otras palabras: si todo, incluyéndote a ti mismo, fuera impermanente, ¿llegarías a darte cuenta de ello? El hecho de que seas consciente y puedas testificar la naturaleza pasajera de todas las formas, incluyendo la tuya, ¿no implica que hay algo en ti que no está sometido a la muerte?

A los veinte años eres consciente de tener un cuerpo fuerte y vigoroso; sesenta años después eres consciente de tener un cuerpo envejecido y débil. Es posible que tu forma de pensar también haya cambiado desde que tenías veinte años, pero la conciencia que sabe que tu cuerpo es joven o viejo, o que tu forma de pensar no es la misma, no ha cambiado. Esa conciencia es lo eterno en ti: la conciencia misma. Es la Vida Una sin forma. ¿Puedes perderla? No, porque eres Ella.

Algunas personas entran en una paz profunda y se vuelven casi luminosas justo antes de morir, como si algo brillara a través de la forma que se está desvaneciendo.

A veces ocurre que personas muy enfermas o mayores se vuelven casi transparentes, metafóricamente hablando, en las últimas semanas, meses o incluso años de sus vidas. Cuando te miran, puedes ver la luz que brilla a través de sus ojos. No queda sufrimiento psicológico. Ellia se han rendido, y por tanto la persona, el «yo» egótico de fabricación mental, ya se ha disuelto. Han «muerto antes de morir», y han encontrado esa profunda paz interna que es la realización de lo inmortal dentro de ellos.

Cada accidente o desastre contiene una dimensión potencialmente redentora de la que no solemos ser conscientes.

El tremendo impacto de la muerte inminente y totalmente inesperada puede obligar a tu conciencia a desidentificarse completamente de la forma. En los últimos momentos antes de la muerte física, y mientras mueres, te experimentas como conciencia libre de forma. De repente ya no queda temor; sólo paz y el conocimiento de que «todo está bien» y que la muerte sólo es la disolución de la forma. Entonces reconoces que la muerte es ilusoria, tan ilusoria como la forma con la que te habías identificado y creías ser.

La muerte no es una anomalía ni el suceso más negativo, como la cultura moderna quiere hacernos creer, sino la cosa más natural del mundo, inseparable de —y tan natural como— su polo opuesto, el nacimiento. Recuérdalo cuando estés sentado junto a un moribundo.

Estar presente como testigo y compañero en la muerte de una persona es un gran privilegio y un acto sagrado.

Cuando te sientes con la persona moribunda, no niegues ningún aspecto de esa experiencia. No niegues lo que está ocurriendo ni niegues tus sentimientos. El reconocimiento de que no puedes hacer nada podría hacer que te sintieras impotente, triste o enfadado. Acepta lo que sientes. Después ve un paso más allá: acepta que no puedes hacer nada, y acéptalo completamente. No controlas lo que está pasando. Ríndete profundamente a cada aspecto de la experiencia, tanto a tus sentimientos como a cualquier dolor o incomodidad que el moribundo pudiese experimentar. Tu estado interno de rendición y la quietud que lo acompaña serán una gran ayuda para el moribundo que facilitará su transición. Si es necesario decir algo, las palabras brotarán de tu quietud interior. Pero serán secundarias.

Con la quietud viene la bendición: la paz.

~

CAPÍTULO DIEZ

SUFRIMIENTO Y EL FINAL DEL SUFRIMIENTO

Los budistas han conocido desde siempre la interconexión de todas las cosas, y ahora los físicos la confirman. Nada de lo que ocurre es un suceso aislado; sólo aparenta serlo. Cuanto más lo juzgamos y lo etiquetamos, más lo aislamos. Nuestro pensamiento fragmenta la totalidad de la vida. Sin embargo, es la totalidad de la vida la que ha producido ese suceso, que es una parte de la red de interconexiones que constituyen el cosmos.

Esto significa que cualquier cosa que *es,* no podría haber sido de otra manera.

En la mayoría de los casos, ni siquiera podemos empezar a comprender la función que un suceso aparentemente sin sentido puede desempeñar en la totalidad del cosmos; pero reconocer su inevitabilidad dentro de la inmensidad de la totalidad puede ser el principio de una aceptación

interna de lo que *es* y nos permite realinearnos con
la totalidad de la vida.

La verdadera libertad y el final del sufrimiento
estriban en vivir como si hubieras elegido delibera-
damente cualquier cosa que sientas o experimentes
en este momento.

Este alineamiento interno con el Ahora es el final del sufrimiento.

¿Es imprescindible sufrir? Sí y no.

Si no hubieras sufrido como has sufrido, no tendrías profundidad como ser humano, ni humildad, ni
compasión. No estarías leyendo esto. El sufrimiento
abre el caparazón del ego, pero llega un momento en
que ya ha cumplido su propósito. El sufrimiento es necesario hasta que te das cuenta de que es innecesario.

La infelicidad necesita un «yo» fabricado por la mente, con una historia, una identidad conceptual. Necesita tiempo, pasado y futuro. Cuando retiras el tiempo de tu infelicidad, ¿qué queda? Únicamente este momento tal como es.

Puede ser una sensación de pesadez, agitación, tirantez, enfado e incluso náusea. Eso no es infelicidad, y no es un problema personal. No hay nada personal en el dolor físico humano. Simplemente es una intensa presión o una intensa energía que sientes en alguna parte del cuerpo. Al prestarle atención, la sensación no se convierte en pensamiento, y de ese modo no reactiva el «yo» infeliz.

Observa qué ocurre cuando dejas que la sensación sea.

Surge mucho sufrimiento, mucha infelicidad, cuando crees que es verdad cada pensamiento que se te pasa por la cabeza. Las situaciones no te hacen infeliz. Pueden causarte dolor físico, pero no te hacen infeliz. Tus pensamientos te hacen infeliz. Tus interpretaciones, las historias que te cuentas, te hacen infeliz.

«Los pensamientos que estoy pensando ahora mismo me hacen infeliz.» Cuando te das cuenta de este hecho, rompes tu identificación inconsciente con dichos pensamientos.

¡Qué día más horrible!

Él no ha tenido el detalle de devolverme la llamada.

Ella me ha decepcionado.

Pequeñas historias que nos contamos y contamos a otros, a menudo en forma de quejas. Están diseñadas inconscientemente para ensalzar nuestro siempre deficiente sentido de identidad haciendo que nosotros «tengamos razón» y la otra persona esté «equivocada». «Tener razón» nos sitúa en una posición de superioridad imaginaria, fortaleciendo nuestro falso sentido del yo, el ego. Este mecanismo también nos crea algún tipo de enemigo: sí, el ego necesita enemigos para definir sus límites, y hasta el tiempo meteorológico puede cumplir esa función.

Los juicios mentales habituales y la contracción emocional hacen que mantengas una relación personalizada y reactiva con las personas y sucesos de tu vida. Todo esto son formas de sufrimiento autocreado, pero no las reconoces como tales porque son satisfactorias para el ego. El ego se crece en la reactividad y el conflicto.

Qué simple sería la vida sin estas historias.

Está lloviendo.

Él no ha llamado.

Yo estuve allí. Ella, no.

Cuando estés sufriendo, cuando te sientas infeliz, estate totalmente con lo que es Ahora. La infelicidad y los problemas no pueden sobrevivir en el Ahora.

El sufrimiento comienza cuando nombras o etiquetas mentalmente una situación como mala o indeseable. Te sientes agraviado por una situación y ese resentimiento la personaliza, haciendo que surja el «yo» reactivo.

Nombrar y etiquetar son procesos habituales, pero esos hábitos pueden romperse. Empieza a practicar en pequeños hechos el hábito de «no nombrar». Si pierdes el avión, si dejas caer y rompes una taza, o si te resbalas y caes en un charco, ¿puedes contenerte y no llamar mala o dolorosa a esa experiencia? ¿Puedes aceptar inmediatamente que ese momento es como es?

Considerar que algo es malo produce una contracción emocional en ti. Cuando dejas que la situación sea, sin nombrarla, de repente dispones de una enorme energía.

La contracción corta tu conexión con ese poder, el poder de la vida misma.

Comieron el fruto del árbol del conocimiento del bien y del mal.

Ve más allá del bien y del mal absteniéndote de etiquetar mentalmente las cosas, de considerarlas buenas o malas. Cuando vas más allá del hábito de nombrar, el poder del universo se mueve a través de ti. Cuando mantienes una relación no reactiva con las experiencias, muchas veces lo que antes hubieras llamado «malo» dará un giro rápido, cuando no inmediato, mediante el poder de la vida misma.

Observa qué ocurre cuando, en lugar de considerar «mala» una experiencia, la aceptas internamente, le das un «sí» interno, dejándola ser como es.

Sea cual sea tu situación existencial, ¿cómo te sentirías si la aceptases completamente como es, Ahora mismo?

Hay muchas formas de sufrimiento sutiles y no tan sutiles que consideramos «normales», y que generalmente no reconocemos que nos hacen sufrir, e incluso pueden ser satisfactorias para el ego: irritación, impaciencia, ira, tener un problema con algo o alguien, resentimiento, queja.

Puedes aprender a reconocer todas esas formas de sufrimiento cuando se presentan, y reconocer: «En este momento estoy creando sufrimiento para mí mismo.»

Si tienes el hábito de crearte sufrimiento, probablemente también harás sufrir a otros. Estos patrones mentales inconscientes tienden a llegar a su fin por el simple hecho de hacerlos conscientes, dándote cuenta de ellos a medida que ocurren.

No puedes ser consciente *y* crearte sufrimiento a ti mismo.

Éste es el milagro: detrás de cada estado, persona o situación que parece «malo» o «malvado» se esconde un bien mayor. Ese bien mayor se te revela —tanto dentro como fuera— mediante la aceptación interna de lo que *es*.

«No te resistas al mal» es una de las más altas verdades de la humanidad.

Un diálogo:

Acepta lo que es.

Realmente no puedo aceptarlo. Hace que me esté sintiendo molesto y enfadado.

Entonces acepta lo que es.

¿Aceptar que estoy molesto y enfadado? ¿Aceptar que no puedo aceptarlo?

Sí. Lleva aceptación a tu no-aceptación. Lleva rendición a tu no-rendición. A continuación observa qué ocurre.

El dolor físico es uno de los profesores más severos que podemos tener. Su enseñanza es: «La resistencia es inútil.»

Nada podría ser más normal que el deseo de no sufrir. Sin embargo, si puedes abandonar esa actitud y permitir que el dolor esté presente, tal vez sientas una sutil separación interna del dolor, como un espacio entre el dolor y tú, por así decirlo. Esto implica sufrir conscientemente, voluntariamente. Cuando sufres conscientemente, el dolor físico puede quemar rápidamente el ego en ti, ya que el ego está compuesto en gran medida de resistencia. Lo mismo es válido para la incapacidad física extrema.

«Ofrecer tu sufrimiento a Dios» es otro modo de decir lo mismo.

No hace falta ser cristiano para comprender la profunda verdad universal contenida simbólicamente en la imagen de la cruz.

La cruz es un instrumento de tortura. Representa el sufrimiento más extremo, la mayor limitación, la mayor impotencia con la que un ser humano puede toparse. Entonces, de repente, ese mismo ser humano se rinde, sufre voluntariamente, conscientemente, y eso queda expresado en las palabras: «Hágase tu voluntad, y no la mía.» En ese momento, la cruz, el instrumento de tortura, muestra su cara oculta: también es un símbolo sagrado, un símbolo de lo divino.

Lo que parecía negar la existencia de cualquier dimensión trascendental en la vida, se convierte, mediante la rendición, en una abertura a esa dimensión trascendental.

SOBRE EL AUTOR

Eckhart Tolle nació en Alemania, donde vivió los primeros trece años de su vida. Después de graduarse en la Universidad de Londres, trabajó como investigador y supervisor en la Universidad de Cambrigde. A la edad de veintinueve años, una profunda transformación espiritual disolvió su anterior identidad, cambiando radicalmente el curso de su vida.

Dedicó los años siguientes a comprender, integrar y profundizar esa transformación, que marcó el comienzo de un intenso viaje interior.

Eckhart no está alineado con ninguna religión ni tradición particular. En sus enseñanzas transmite un mensaje simple y profundo, con la claridad sencilla e intemporal de los antiguos maestros espirituales: hay un camino para escapar del sufrimiento y vivir en paz.

Actualmente, Eckhart viaja constantemente llevando sus enseñanzas y su presencia por todo el mundo. Vive en Vancouver (Canadá) desde 1996.

"En El poder del ahora (The Power of Now), el sabio autor Eckhart Tolle utiliza palabras para llevar a los lectores más allá de éstas mismas. Apuntando al portal del presente eterno, este práctico y moderno místico ofrece verdades transcendentales que nos liberan".
— Dan Millman, autor de Iluminaciones Diarias y Leyes del Espíritu, (Everyday Enlightenment and The Laws of Spirit)

Un camino
hacia la realización espiritual

«Quizá solamente una vez cada diez años, o incluso una vez cada generación, surge un libro como *El Poder del Ahora*. Hay en él una energía vital que casi se puede sentir cuando uno lo toma en sus manos. Tiene el poder de hacer que los lectores vivan una experiencia y cambien su vida para bien.»

Marc Allen, autor de *Visionary Business*

New World Library se dedica a la publicación de libros y cintas que nos inspiran y nos animan a mejorar la calidad de nuestra vida y de nuestro mundo.

Nuestros libros y cintas en cassettes están disponibles en librerías en todas partes. Para obtener un catálogo de nuestra colección de libros y cintas, diríjase a:

New World Library
14 Pamaron Way
Novato, CA 94949

Teléfono: (415) 884-2100
Gratis: (800) 972-6657
Fax: (415) 884-2199

Para pedir el catálogo: extensión 50
Para hacer un pedido del catálogo: extensión 52

E-mail: escort@newworldlibrary.com

Visítenos por medio de su computadora:
www.newworldlibrary.com